Anouchka au Camp Surprises extrêmes

ANNIE GRAVIER

ILLUSTRÉ PAR ROSELYNE CAZAZIAN

Le monde merveilleux d'Anouchka

Catalogage avant publication de Bibliothèque et Archives Canada

Gravier, Annie

Anouchka au Camp Surprises extrêmes
(Le monde merveilleux d'Anouchka)
Pour enfants de 7 ans et plus.

ISBN 978-2-89428-963-1

I. Cazazian, Roselyne. II. Titre. III. Collection: Gravier, Annie. Monde merveilleux d'Anouchka.

PS8613.R384A783 2007 jC843'.6 C2006-942176-5
PS9613.R384A783 2007

Les Éditions Hurtubise HMH bénéficient du soutien financier des institutions suivantes pour leurs activités d'édition:

- Conseil des Arts du Canada;
- Gouvernement du Canada par l'entremise du Programme d'aide au développement de l'industrie de l'édition (PADIÉ);
- Société de développement des entreprises culturelles au Québec (SODEC);
- Gouvernement du Québec par l'entremise du programme de crédit d'impôt pour l'édition de livres.

Éditrice jeunesse: Nathalie Savaria
Illustration de la couverture: Studio Kazaz
Illustrations intérieures: Studio Kazaz
Maquette de couverture: Diane Lanteigne
Maquette intérieure et mise en pages: Diane Lanteigne

Téléphone: (514) 523-1523 - Télécopieur: (514) 523-9969
www.hurtubisehmh.com

ISBN 978-2-89428-963-1

Distribution en France
Librairie du Québec/D.N.M.
Téléphone: 01 43 54 49 02 – Télécopieur: 01 43 54 39 15

Dépôt légal/2e trimestre 2007
Bibliothèque et Archives nationales du Québec
Bibliothèque et Archives du Canada

Réimprimé en Malaisie en août 2008

L'auteure

Annie Gravier travaille dans le domaine des communications depuis de nombreuses années. Initiée à la musique dès l'âge de six ans, elle découvre très tôt le pouvoir de la pensée positive. Son amour pour ses deux enfants l'incite à écrire la série « Le monde merveilleux d'Anouchka ». Annie est aussi l'auteure-compositrice de l'album de musique *Anouchka De La Pétarade,* La trame musicale, produit par ADLP Productions Inc.

Cette série se distingue par son but unique qui est d'utiliser l'imaginaire des enfants pour leur donner confiance en eux-mêmes. À travers les histoires et les anecdotes étonnantes de sa vie, l'intrépide Anouchka invite ses jeunes lectrices à découvrir la fée qui sommeille en elles, et à concrétiser sans peur et sans complexe leurs rêves les plus chers !

L'illustratrice

Roselyne Cazazian commence sa vie d'artiste en 1982 en peignant des portraits au pastel pour les touristes, l'été, dans le Vieux-Montréal. L'année suivante, elle a l'idée de peindre des t-shirts au *airbrush* et remporte un énorme succès qui l'amène à voyager aux Antilles, en Amérique centrale ainsi qu'en Europe. En 1996, elle s'essaie à l'infographie et travaille bientôt dans l'industrie de la mode où elle crée, comme graphiste, différentes collections de vêtements. En octobre 2004, Anouchka De La Pétarade entre dans sa vie avec son lot de bonnes nouvelles. Grâce à sa fée, Roselyne se consacre maintenant exclusivement à l'illustration.

À Nicole, Paul, Caroline et Bouboule.
Avec toute mon affection.

1

Un plan, trois fées

Voyons : deux maillots de bain… coché, douze t-shirts… coché, gilet de sauvetage… coché. Ah oui, les petites culottes. Hum… Lesquelles choisir ?

Celles à lapins roses ? Celles à rayures mauves ? Celles avec des cœurs ? Celles avec des fleurs ? Celles avec une boucle ? Celles avec une poule ? Celles avec des brillants ou celles avec un petit trou ? Mon doux, c'est fou ! Je les apporte toutes !

Ah ! Tu aurais ri en me voyant faire ma valise ! C'était il y a deux semaines. J'étais tellement excitée de partir en voyage.

Je viens de passer la moitié du mois d'août dans un camp de vacances. Tu connais ? C'est un endroit à la campagne où il n'y a que des enfants et où les adultes sont là uniquement pour jouer avec nous. C'est très rare !

En plus, le camp que j'avais choisi n'a rien d'ordinaire. Il s'appelle le Camp Surprises extrêmes. C'est un tout nouveau concept. On ne sait rien à l'avance, mais on est sûr de rire et de vivre des émotions fortes. J'avais hyper hâte !

Ce n'est pas tout ! Devine quoi ? Lili et Pomket sont venues elles aussi. Je sais, c'est trop génial !

Quand Lili a appris que j'y allais, elle a tout de suite demandé à son père de l'inscrire.

Ça n'a pas été aussi facile pour Pomket. Elle a failli ne pas venir, car ses parents ne pouvaient pas se permettre de payer le prix du séjour. Elle était vraiment triste.

Je l'ai prise gentiment par les épaules et je lui ai rappelé que devant toute situation, on a toujours deux choix : ne rien faire ou passer à l'action pour changer les choses.

Il n'était évidemment pas question que Pomket rate cette belle aventure. On a élaboré un plan toutes les trois et nos fées nous ont aidées à trouver une solution.

Lili a organisé une vente-débarras chez elle et a ramassé 300 dollars. Pomket a promené 18 chiens en 10 jours et a gagné 250 dollars.

Moi, j'ai cuisiné et vendu une vingtaine de tartes au citron triple meringue, ce qui a rapporté encore 250 dollars.

En mettant notre argent ensemble, on a réussi à accumuler les 800 dollars nécessaires pour inscrire Pomket au camp. Elle était tellement folle de joie qu'elle nous a sauté au cou et a lancé un cri ultra-aigu qui résonne encore dans mes oreilles.

Il y a toujours un moyen d'avoir ce qu'on veut. Si on peut l'imaginer, on peut le réaliser. Nous, les enfants, nous sommes vraiment très doués pour ce genre de truc. Nos fées sont là pour ça.

Tu veux savoir comment c'était au Camp Surprises extrêmes ? Vite, tourne la page !

2

Que t'es haut, là-haut !

— C'est là, papa ! Tu vois la pancarte, c'est écrit « Bienvenue au Camp Surprises extrêmes ». Ahhh, j'ai hâte, j'ai hâte ! Avance ! *Go ! Go !*

Ma petite sœur Caroline, assise à côté de moi dans la minifourgonnette, me regardait l'air de dire « On se calme… ». Bouboule, elle, était aussi énervée que moi. Nous avions toutes les deux la tête sortie de la fenêtre et le vent qui nous fouettait le visage.

Lili et Pomket étaient assises derrière nous et souriaient de toutes leurs dents.

— Bouboule, regarde tous ces sapins ! Ça sent bon ! C'est dommage que tu ne puisses pas rester avec moi. Je vais m'ennuyer de toi, ça, c'est sûr !

— Et nous ? a demandé mon père tout en conduisant.

— Bien sûr que je vais m'ennuyer de vous trois. Vous êtes ma vie ! Je vous écrirai.

— Regardez ! ai-je crié d'excitation. Les moniteurs sont tous là pour nous accueillir. Oh ! Et ils chantent !

— Ça alors ! Il y a même une chorale ! s'est exclamé mon père, impressionné.

— Vite, papa ! Plus vite ! ai-je supplié, de plus en plus impatiente.

— Mais calme-toi un peu. On dirait que tu as bu 15 cafés ! s'est moqué mon père.

Dès que la minifourgonnette s'est arrêtée, un géant est apparu. En fait, c'était notre moniteur. Il devait mesurer plus de deux mètres ! Je te jure !

C'était la première fois que je rencontrais quelqu'un d'aussi grand. Lili et Pomket aussi. Il fallait complètement pencher notre tête vers l'arrière pour voir son visage.

Coiffé d'une très haute perruque bleue, le géant a ouvert la portière et a déclaré, en ouvrant grand les bras :

— Bonjour les filles et bienvenue au Camp Surprises extrêmes ! Peu importe votre nationalité et ce que vous mangez au déjeuner, dès que vous aurez goûté à nos œufs brouillés, vous ne pourrez plus vous en passer !

— Tant mieux, j'adore les œufs brouillés, ai-je répondu avec un très large sourire en sortant de la minifourgonnette.

Dès que j'ai eu fini de dire ça, la chorale s'est mise à chanter :

— *Elle adore les œufs brouillés, yé, yé, yé !*

Mes parents se sont regardés et ont éclaté de rire en même temps.

— Je m'appelle Ketéo Toulao. Je parle huit langues et je serai votre moniteur.

— Enchantée. Moi, c'est Anouchka De La Pétarade et voici Lili et Pomket. Où est la section des sports extrêmes ? J'ai le goût de me dégourdir un peu les jambes !

— Ne vous inquiétez pas, vous aurez deux semaines pour essayer nos 94 activités toutes extrêmement extrêmes, mais d'abord, je vous guide vers votre chambre.

— C'est vrai, 94 ? Super ! Je veux toutes les faire, ai-je affirmé en sautillant de joie.

Lili et Pomket avaient l'air un peu étourdies à force de s'envoyer la tête par en arrière pour regarder Ketéo.

J'ai embrassé mes parents, ma sœur et Bouboule avant de rejoindre Ketéo.

— S'il vous plaît, n'oubliez pas d'arroser mes pissenlits ! ai-je crié en me retournant.

— *Arrosez ses pissenlits !* a répété la chorale en parfaite harmonie.

Mes parents se sont remis à rire comme des fous en m'envoyant la main.

— Ici, au Camp Surprises extrêmes, nous faisons en sorte que les parents partent toujours en riant, a expliqué Ketéo en nous faisant un clin d'œil.

3

Une lutteuse dans ma chambre

— C'est ici, a lancé Ketéo avec enthousiasme. Suivez-moi, a-t-il dit en se penchant pour ne pas se cogner la tête sur le cadre de porte.

Tout, dans la chambre, était blanc. Les murs, les meubles, les rideaux et même le plancher. J'ai trouvé ça un peu bizarre.

— Wow ! Des lits à deux étages ! Je m'installe en haut, ça vous va ? ai-je demandé à Lili et Pomket.

— Oui, je préfère celui du bas, a répondu Lili.

— Et moi, l'autre lit du bas, a dit Pomket. Je n'arrive pas à croire que je suis vraiment ici. C'est trop cool !

— Les filles, écoutez bien, car je ne répète jamais. Votre première activité surprise va bientôt commencer, a annoncé Ketéo. Je vais aller vous chercher 15 pots de peinture et des pinceaux. Vous aurez exactement une heure pour décorer votre chambre comme il vous plaira !

— Whoa ! avons-nous fait en chœur.

Nous venions juste d'arriver et c'était déjà le bonheur !

— Vous commencerez dès que votre quatrième partenaire de chambre sera arrivée.

— Merci Ketéo ! avons-nous répondu.

Nous souriions tellement que nous avions mal aux joues !

Quelques minutes plus tard, une femme vêtue d'un tailleur chic est entrée et a déposé une valise à nos pieds.

— Bonjour ! Je suis la maman de Noémie. Noémie ? Tu viens ? Elle est un peu timide. Je vais la chercher.

Nos regards sont restés fixés sur la porte pendant plusieurs secondes. La mère est finalement revenue avec sa fille, mais on voyait seulement l'arrière de la tête de Noémie. La pauvre s'agrippait à sa mère comme si elle était au bord d'un précipice.

— Dis bonjour à tes nouvelles amies, Noémie, a dit la mère en essayant de détacher sa fille de son corps.

— Non, a insisté Noémie en enfonçant encore plus son visage dans le ventre de sa mère.

— Noémie, a soupiré la mère d'un ton découragé. Je dois y aller...

— Non ! Ne t'en va pas, maman, reste encore, a supplié Noémie.

Et là, imagine-toi qu'elle a entouré les genoux de sa mère de ses bras pour l'empêcher de partir.

— Wow, tu fais de la lutte ? me suis-je écriée du haut de mon lit. C'est extra ! Tu pourras me montrer quelques prises ?

Sa mère a essayé d'avancer, mais Noémie, déterminée, lui a attrapé les chevilles. Lili et Pomket ont sursauté en la voyant faire.

— Ah, ça, c'était très rapide comme réflexe. Je parie que tu es une experte pour attraper les grenouilles, ai-je continué.

— Les grenouilles ? a murmuré Noémie en tournant lentement son regard vers moi.

— Oui, grenouilles, crapauds, sauterelles... il faut être doué pour les attraper.

— Anouchka n'a pas peur de toucher aux animaux, a expliqué Lili.

— Elle n'a peur de rien, a renchéri Pomket.

— Moi, je les mange, les grenouilles. C'est mon mets préféré. Les cuisses de grenouilles sautées au jus d'ananas, a précisé Noémie, toute fière, en se relevant.

Nous l'avons regardée d'un air surpris et émerveillé à la fois.

— C'est même ma propre recette ! a-t-elle poursuivi avec un petit sourire en coin.

— Oh là là ! Je sens qu'on va très bien s'entendre, ai-je répliqué en sautant de mon lit et en atterrissant devant Noémie.

— Regardez ! a crié Pomket. C'est Ketéo qui revient avec nos pots de peinture ! On prend chacune un mur ?

— Et on partage le plafond ! ai-je proposé.

— On peut peindre ce qu'on veut sur les murs ? Au revoir, maman, a fait Noémie avec un sourire éclatant.

4

Tout ça pour du chocolat

On s'est amusées comme des folles à décorer notre chambre. Cela nous a permis de nous connaître un peu plus.

Noémie a rempli son mur d'images de pâtisseries. Lili a dessiné des notes de musique et Pomket a peint des chiens roses et mauves partout. Quant à moi, j'ai dessiné ma fée. Comme ça, quand je lui parlerais le soir avant de m'endormir, j'allais pouvoir la regarder dans les yeux.

Noémie était très intriguée par ma fée. Je lui ai appris qu'elle en avait une elle aussi et qu'elle pouvait lui demander ce qu'elle voulait.

Pour ce qui est du plafond, nous avons eu l'idée de le remplir de cœurs. L'effet était génial !

Après avoir rangé la peinture, nous avons décidé d'aller explorer les environs.

— Oh, venez voir ! ai-je crié à Lili, Pomket et Noémie.

— Qu'est-ce qu'il y a ? a demandé Lili.

Un étang ! ai-je répondu.

— Et alors ? Ça pue là-dedans, s'est plaint Lili en se bouchant le nez.

— Oui, et qu'est-ce qui se cache au fond d'un étang puant? ai-je continué.

— Des grenouilles! a chuchoté lentement Noémie en fixant l'eau de l'étang.

— Exactement! ai-je approuvé avec un très large sourire et en enlevant mes souliers de course.

— Anouchka, qu'est-ce que tu fais là? a demandé Pomket. Tu ne vas tout de même pas...

— Oh si! ai-je affirmé en me lançant dans l'étang sans hésitation. En voici deux! ai-je crié, toute contente. Noémie! Combien en manges-tu d'habitude?

— Les filles! Venez vite! a lancé Ketéo en courant. L'initiation va commencer.

— Je suis prête ! ai-je crié en me précipitant hors de l'étang, les genoux couverts de plantes gluantes et les yeux débordants de pétillant.

— Anouchka est la fille la plus enthousiaste que je connais, a confié Pomket à Noémie.

— Je vois ça ! a dit Noémie en riant.

Tout, au Camp Surprises extrêmes, était conçu pour les enfants. Mais les installations étaient... disons... assez extrêmes !

— Écoutez bien, car je ne répète jamais, a dit Ketéo en s'adressant à tous les campeurs. Vous devrez réussir un parcours en équipes de huit. La première équipe à terminer aura droit à une dégustation privée de nos 48 sortes de chocolat fait maison. Vous devrez d'abord traverser le lac de bébés requins en utilisant nos kayaks en plastique transparent. Vous reviendrez en vélos de montagne à six roues. Vous grimperez aux arbres pour attacher un foulard rouge au cou d'un des 229 singes qui s'y trouvent. Vous devrez ensuite marquer un but dans le filet de soccer musical et réussir trois services consécutifs sur nos terrains de tennis fluorescents. Tout cela avec le sourire, sinon… ça ne compte pas. Attention ! Un, deux, trois, c'est parti !

Je n'ai jamais ri autant et aussi fort de ma vie ! Sauf peut-être quand mon kayak a basculé et que je me suis retrouvée nez à nez avec un bébé requin !

Puis, il fallait voir les vélos ! Avec trois roues devant et trois derrière, on rebondissait très haut à la moindre petite roche. On a follement adoré !

Notre équipe était bien partie, mais on a perdu notre avance quand mon short s'est déchiré en deux alors que je me dépêchais de grimper dans un arbre.

Les sept autres membres de mon équipe ont immédiatement été atteints d'un fou rire de catégorie 10. Ce qui veut dire qu'ils étaient couchés par terre tellement ils riaient. Même les singes riaient !

Pas de chocolat pour nous, mais quel merveilleux souvenir !

5

Un autobus à cinq étages

Chaque matin, après avoir fait nos lits et avalé deux assiettes d'œufs brouillés, on faisait des activités qui sortaient vraiment de l'ordinaire. J'ai adoré la piscine à vagues géantes et le cours de cha-cha-cha.

Le cinquième matin, Ketéo nous a donné rendez-vous dehors devant l'entrée. Notre groupe était toujours composé des huit mêmes campeurs. Lili, Pomket, Noémie, William, Max, Arthur, Lucas et moi.

William et Lucas étaient très sportifs. William avait des cheveux brun pâle et de grands yeux brun foncé. J'ai remarqué qu'il avait de magnifiques cils très épais et un beau sourire attachant. Lucas avait le teint très bronzé, mettait du gel dans ses cheveux et portait toujours des vêtements neufs. Les deux garçons étaient beaux, mais William restait naturel alors que Lucas, lui, se vantait de son apparence, ce qui le rendait moins sympathique.

Max avait des cheveux noirs, mais une peau très blanche. Il passait son temps à se mettre de la crème solaire et lisait des bandes dessinées entre les activités. Quant à Arthur, c'était le comédien du groupe. Il avait des cheveux blonds frisés très pâles et portait son t-shirt à l'envers.

On savait qu'on allait faire une sortie, mais on ne connaissait jamais la destination avant d'être déjà en route.

CAMP SURPRISES EXTRÊMES

En voyant l'autobus arriver, nous avons tous poussé un cri d'émerveillement. Il avait cinq étages ! Je te jure ! C'était extraordinaire ! Ketéo nous a expliqué que ce modèle unique avait été conçu avec beaucoup d'enthousiasme par le comité créatif du camp. Tout le monde avait très hâte d'y monter.

Chaque fois qu'on prend l'autobus, Lili et Pomket se disputent pour savoir laquelle des deux va s'asseoir avec moi. Quand elles se chamaillent comme ça, moi, je m'éloigne sans rien dire et je vais m'asseoir avec quelqu'un d'autre. J'aime simplifier les choses compliquées.

— Anouchka ! Viens t'asseoir avec moi ! a crié Lili en me faisant de grands signes.

— Non, merci. Pomket et toi aviez l'air de tellement bien vous entendre que j'ai décidé de m'asseoir avec Noémie.

— Ah zut! a rouspété Lili, déçue de ne pas avoir sa place à côté de moi.

— Écoutez bien, a commencé Ketéo, car...

— ... je ne répète jamais! ont terminé tous les campeurs à l'unisson.

On commençait à bien connaître le moniteur.

— Ce matin, nous allons à l'académie culinaire Bentrobon pour le concours du meilleur dessert. En équipes de quatre, vous devrez confectionner un dessert avec l'aide d'un chef de réputation internationale.

— Un cours de cuisine avec un vrai chef! s'est écriée Noémie, les yeux ronds comme des melons. Anouchka ! Tu sais, ton histoire de fée ? Eh bien, c'est vrai !

— Bien sûr que c'est vrai, ai-je répondu.

— Non, mais, je veux dire, c'est vraiment vrai ! a-t-elle insisté en me serrant beaucoup trop fort dans ses bras.

L'académie culinaire Bentrobon était l'endroit rêvé pour cuisiner en groupe. On se sentait comme des lutins dans la cuisine du père Noël. Il y avait des instruments de cuisine partout sur les murs. Les fours et les réfrigérateurs étaient beaucoup plus gros que la normale. Noémie était dans un état de bonheur pur. Notre chef, une Française, s'appelait Anna Ungrochodron.

Les garçons, eux, avaient été jumelés avec un chef originaire de la Hongrie. Il s'appelait Yajuss Untipo.

Deux heures plus tard, le jury a avalé une seule bouchée de notre tarte au citron géante triple meringue et nous a déclarées l'équipe gagnante, Lili, Pomket, Noémie et moi.

Le lait frappé à la gomme baloune de William, Arthur, Max et Lucas a quand même reçu le deuxième prix pour son originalité.

6

Rendez-vous dans 30 ans

Sur le chemin du retour dans l'autobus, j'ai remarqué que Noémie feuilletait un livre.

— Qu'est-ce que tu lis ? ai-je demandé.

— C'est un livre de recettes écrit par les plus grands chefs cuisiniers du monde. C'est madame Ungrochodron qui me l'a prêté. Je rêve de devenir une des meilleures chefs du pays.

— Pourquoi pas la meilleure du monde ?

— La meilleure du monde? Oh, il ne faut quand même pas exagérer…, a répondu Noémie.

— Si, justement! Les rêves n'ont pas de limite, alors pourquoi t'en mettre?

— Hmmm…, a réfléchi Noémie.

— Je t'ai vue en action dans la cuisine. Il n'y a pas de doute: je suis assise à côté de la future meilleure chef du monde! ai-je affirmé.

— Tu as raison, pourquoi pas! Merci de croire en moi, Anouchka.

— Un jour, dans 30 ans, je viendrai célébrer ton succès. J'irai manger dans ton restaurant et comme dessert, je commanderai une tarte au citron triple meringue. Tu sauras alors que c'est moi.

— Oh oui ! Et je te cuisinerai la meilleure tarte au citron que tu auras mangée de ta vie ! a ajouté Noémie.

— J'en suis certaine.

— Et toi, Anouchka, que seras-tu devenue ?

— J'écrirai des comédies musicales grandioses et les gens viendront de partout pour les voir. Elles seront tellement inspirantes et originales que les spectateurs repartiront avec du pétillant dans les yeux pendant toute une année ! ai-je expliqué.

— C'est formidable !

— Je sais. J'ai déjà commencé à composer la musique et les paroles de ma première comédie musicale. Mon spectacle sera si émouvant que tous les gens dans la salle pleureront de joie parce que ce sera trop beau !

— Wow ! Ça donne le goût d'acheter un billet tout de suite. Je te promets que dans 30 ans, je viendrai la voir, ta comédie musicale. Je serai assise dans la première rangée, en plein milieu, et je porterai un chapeau brillant. Comme ça, tu sauras que c'est moi qui suis venue célébrer ton succès.

— C'est un rendez-vous ! ai-je conclu avec certitude.

7

Le défi doublement capotant

Le huitième matin, j'étais assise sur une branche d'arbre en train de partager une banane avec un singe lorsque Ketéo a crié :

— Activité extrême numéro 54 ! Tout le monde en maillot de bain. C'est l'heure du défi doublement capotant !

Dix minutes plus tard, notre groupe était prêt.

— Enfilez vos gilets de sauvetage, a ordonné Ketéo. Aujourd'hui, nous voyagerons en banane éclair !

— Super ! J'ai toujours voulu essayer ce sport ! ai-je sursauté d'excitation.

— Anouchka, pour une fille, tu n'es vraiment pas peureuse ! m'a dit William avec admiration.

On était assis dos à dos sur une énorme banane gonflable reliée par une corde à un puissant bateau à moteur. On est partis tellement vite que j'avais l'impression de voler sur l'eau. Laisse-moi te dire que c'est assez impressionnant ! Quinze minutes plus tard, nous sommes arrivés sur une île, au pied d'une montagne.

— Vous allez maintenant faire l'expérience de la plus capotante glissade d'eau au monde !

a annoncé Ketéo. Nous l'appelons le défi doublement capotant, car vous descendrez deux par deux et vous allez sans l'ombre d'un doute capoter, dans tous les sens du mot !

— On y va ensemble, Anouchka ? m'a demandé William.

— Oui, d'accord, ai-je répondu.

Tout le monde avait hâte et se dépêchait d'escalader la montagne. C'est William et moi qui sommes arrivés les premiers.

— La glissade dure 5 minutes, 28 secondes. Surtout, gardez les yeux grands ouverts ! Un bateau vous attendra à la sortie, nous a expliqué Ketéo.

Je me suis assise derrière William. On s'est regardés en souriant et on s'est donné un élan en même temps. On filait comme l'éclair, les tunnels changeaient de couleur à mesure qu'on glissait. C'était formidable ! J'ai compté 16 tournants et 14 descentes ultra-rapides avant qu'on se fasse aspirer dans un énorme entonnoir.

On glissait toujours, mais les tunnels sont devenus transparents ! C'est à ce moment-là qu'on a compris qu'on était sous l'eau. Tu te rends compte ? Une glissade d'eau sous-marine ! On voyait des centaines de poissons. C'était beau !

Après plusieurs minutes palpitantes, William et moi avons finalement été projetés dans l'eau du lac. Il fallait nager pour remonter à la surface.

— YOUHOU ! Ça, c'est une glissade ! J'en veux une pareille chez moi ! ai-je crié, en sortant la tête de l'eau.

8

La salle de bal hantée

Les émotions fortes ont continué tout le reste de la deuxième semaine. J'ai fait un tour de montgolfière, du rafting et une balade à dos de chameau.

Pour notre dernière soirée ensemble, les moniteurs avaient organisé une danse costumée dans un vieux manoir hanté. Les filles devaient porter des robes de bal et les garçons, des habits, comme au dix-huitième siècle. C'était vraiment génial ! Cependant, au manoir, quelque chose de vraiment étrange m'est arrivé.

Une fois que nous sommes descendus de l'autobus à cinq étages, Ketéo nous a raconté qu'il y a 300 ans, une famille de six personnes vivait dans le manoir. Le père était un duc très riche qui organisait de nombreux bals pour des centaines d'invités.

— Il vécut heureux sa vie entière dans ce manoir avec sa femme et ses quatre filles. Aujourd'hui, toute la famille est enterrée sous le plancher de la salle de bal. Il paraît qu'en entrant dans cette pièce, si on se concentre, on peut les entendre parler et même les voir ! a expliqué Ketéo.

Tout le monde est devenu silencieux et personne n'a plus bougé.

— Trop cool ! On leur dira bonjour ! ai-je conclu, toute souriante.

Les autres campeurs m'ont regardée d'un air inquiet sauf William, qui m'a souri.

— Bon, on y va ? ai-je demandé avec hâte.

Lili, Pomket et Noémie me retenaient par la robe et avançaient à petits pas derrière moi. Je les entendais respirer dans mon cou.

— Les filles, comment pouvez-vous avoir peur ? On n'est même pas encore entrées, ai-je dit en rigolant.

— On a peur d'avoir peur, bon ! a avoué Lili en avançant à pas de souris.

— C'est vrai, on n'est pas toutes courageuses comme toi, Anouchka, a ajouté Pomket en regardant craintivement autour d'elle.

— Vas-y d'abord, Anouchka, comme ça, tu nous protégeras, a lancé Noémie.

— Vous protéger de quoi ? D'une robe qui danse toute seule ? Ce serait trop beau !

Tu espères réellement voir des fantômes ? s'est exclamée Pomket.

— Bien sûr ! ai-je répliqué.

— Comment fais-tu pour ne pas avoir peur ? a demandé Noémie, un œil fermé et l'autre à moitié ouvert.

— Je décide qu'il n'y a rien d'épeurant et ma fée m'obéit, c'est tout.

— Eh bien, la mienne a aussi peur que moi, a confié Lili en s'agrippant encore plus fort à ma robe.

— Moi, j'y vais, a annoncé William.

— À plus tard, les filles. William et moi, on passe devant.

La salle de bal était magnifique. Ça brillait de partout. On aurait dit que le plafond était recouvert d'or ! Sur le mur, on voyait les portraits des six membres de la famille. Leur vêtements anciens étaient exposés comme dans un musée. J'ai fermé les yeux et je me suis mise à imaginer comment ces gens vivaient à leur époque.

Lorsque j'ai rouvert les yeux, j'ai remarqué qu'un gant de dentelle blanc se trouvait par terre, juste en dessous du tableau représentant Élizabeth, la plus jeune des quatre filles. Je me suis penchée pour le ramasser.

Lorsque je me suis redressée, une jeune fille vêtue d'une robe de bal turquoise et coiffée comme une poupée de porcelaine me fixait

étrangement. C'était Élizabeth, la fille que je venais de voir sur le tableau. Elle était devant moi, en chair et en os !

Il n'y avait plus de portraits sur le mur. L'éclairage avait baissé et la salle était remplie d'adultes vêtus comme dans l'ancien temps.

— Wow ! Les effets spéciaux sont vraiment bien faits. As-tu vu ça, William ? ai-je demandé, en reculant d'un pas et en regardant autour de moi.

Mais William n'était plus là, ni le reste du groupe.

9

Le fou rire d'adieu

— Bonsoir ! Je me nomme Élizabeth, a dit la fille en me tendant la main.

Elle portait le fameux gant de dentelle que je venais de ramasser !

— Bonjour ! Moi, c'est Anouchka De La Pétarade, du groupe de Ketéo.

— Oh ! Comme c'est original ! Avec un nom comme celui-là, vous devez être une princesse !

a déclaré Élizabeth en penchant la tête pour me saluer.

— Non, je suis plutôt du genre à grimper aux arbres, lui ai-je répondu d'un air distrait en regardant partout autour.

— Ha ! Ha ! Ha ! Comme vous êtes drôle ! Venez que je vous présente mon fiancé. Nous allons nous marier l'an prochain, a-t-elle annoncé, toute fière et rayonnante. Et vous, princesse Anouchka, êtes-vous déjà fiancée ?

— Bien sûr que non ! ai-je protesté en m'étouffant presque avec ma salive.

Quelque chose ne tournait pas rond. Pourquoi y avait-il des chandelles au plafond ? Pourquoi est-ce qu'Élizabeth me vouvoyait ? Pourquoi une fille de neuf ans aurait-elle un fiancé ? Peut-être étais-je vraiment retournée 300 ans en arrière !

— Je dois partir. Je vous souhaite beaucoup de bonheur, ai-je dit en lui serrant la main dans son gant de dentelle.

En touchant de nouveau le gant, je me suis sentie un peu étourdie. Je me suis frotté les yeux avant de les rouvrir. J'étais à nouveau devant le portrait d'Élizabeth.

— Anouchka ! Que s'est-il passé ? m'a demandé William, visiblement ébranlé.

— Je ne sais pas. Le gant... Ce n'est pas grave. Je me sens beaucoup mieux tout à coup ! lui ai-je répondu en regardant autour de moi.

— Dans ce cas, puis-je avoir cette danse, Mademoiselle ?

— Avec plaisir, mon cher ! ai-je accepté en rougissant un peu.

À la fin de la soirée, en sortant du manoir, on a croisé un autre groupe qui entrait. J'ai entendu leur moniteur dire :

— Surtout, ne touchez pas aux vêtements anciens !

J'ai regardé ces campeurs droit dans les yeux et je leur ai dit :

— Croyez-moi, vous feriez mieux de l'écouter !

Une fois de retour au camp, tout le monde a dormi à la belle étoile. Tout le monde sauf les moniteurs. Ils ont passé la nuit à repeindre les murs de nos chambres en blanc avant l'arrivée des prochains campeurs.

Mais ils avaient pris le temps de laisser un message personnel dans chacun de nos sacs de couchage. Le mien disait : « Anouchka, la fille la plus positive du camp. » Je l'ai conservé très précieusement.

Mes deux semaines au camp ont passé vite ! Finalement, j'ai seulement eu le temps de faire 57 des 94 activités offertes. Tant mieux ! Il va falloir que je revienne pour essayer les 37 autres !

Le lendemain matin, toutes nos familles étaient là. Beaucoup de parents, les miens y compris, ont commencé à pleurer tellement ils étaient contents de revoir leur enfant.

C'est alors que la chorale s'est mise à chanter un air hilarant intitulé « Le fou rire d'adieu ». Cette fois-ci, c'est tout le monde qui est reparti en riant aux éclats !